© Copyright: 2024 - Alle Rechte vorbehalten.

Die in diesem Buch enthaltenen Inhalte dürfen ohne direkte schriftliche Genehmigung des Autors oder des Herausgebers nicht vervielfältigt, vervielfältigt oder übertragen werden.

Unter keinen Umständen wird dem Herausgeber oder Autor eine Schuld oder rechtliche Verantwortung für Schäden, Wiedergutmachungen oder finanzielle Verluste aufgrund der in diesem Brief enthaltenen Informationen auferlegt; entweder direkt oder indirekt.

Rechtliche Hinweise:

Dieses Buch ist urheberrechtlich geschützt. Dieses Buch ist nur für den persönlichen Gebrauch bestimmt. Sie dürfen ohne die Zustimmung des Autors oder Herausgebers keinen Teil oder den Inhalt dieses Buches ändern, verteilen, verkaufen, verwenden, zitieren oder paraphrasieren.

Haftungsausschluss:

Bitte beachten Sie, dass die in diesem Dokument enthaltenen Informationen nur zu Bildungs- und Unterhaltungszwecken dienen. Es wurden alle Anstrengungen unternommen, um genaue, aktuelle und zuverlässige und vollständige Informationen zu präsentieren. Es werden keinerlei Garantien erklärt oder stillschweigend übernommen. Die Leser erkennen an, dass der Autor keine rechtliche, finanzielle, medizinische oder professionelle Beratung leistet.

Der moderne Leitfaden für bezahlte Werbung für Geschäftsinhaber

Eine schnelle Einführung in Google-, Facebook-, Instagram-, YouTube- und TikTok-Anzeigen

Vorwort

Hallo, liebe Leser!

Zunächst möchte ich anmerken, dass dieses Buch als schneller und einfacher Leitfaden für moderne Werbeplattformen gedacht ist, der Sie in die moderne Werbelandschaft einführt und Ihnen die Werkzeuge an die Hand gibt, die Sie benötigen, um in die Welt hinauszugehen und diese Tools zu nutzen, beginnend unmittelbar nach dem Beenden des Textes.

Es handelt sich weder um einen abschließenden Leitfaden noch um eine erschöpfende Analyse. Wenn es das ist, wonach Sie suchen, schlage ich vor, dass Sie woanders hingehen. Wenn Sie auf der Suche nach den absoluten Essentials, Tipps und Tricks sind, um sich über das Thema auf den neuesten Stand zu bringen, willkommen bei *The Modern Guide to Paid Advertising for Business Owners.*

Einleitung

Menschen und Unternehmen, die sich mit bezahlter Werbung auskennen, haben im Wesentlichen Zugang zu einer Gelddruckerei. Es gibt einen Überschuss an Werbekanälen, die von Facebook und TikTok bis hin zu Google und YouTube reichen. Die meisten Anzeigen zielen darauf ab, ein Produkt oder eine Dienstleistung zu verkaufen, obwohl einige große Unternehmen massive Kampagnen durchführen, nur um das Wohlwollen der Marke zu stärken. Gute Anzeigen, die darauf abzielen, ein Produkt oder eine Dienstleistung zu verkaufen, sind lebenslang profitabel. Der aus den Anzeigen erzielte Gewinn ist größer als die Werbeausgaben, nicht unbedingt kurzfristig, sondern unter Berücksichtigung des abgeleiteten Lifetime Customer Value (LTV).

Da bezahlte Werbung so skalierbar ist und so viele hundert Millionen Menschen erreicht, sind Break-Even- oder profitable Anzeigen ein unglaublich wertvolles Instrument. Natürlich ist Online-Werbung kein Geheimnis, und es ist nicht einfach. Viele Werbebetreiber arbeiten mit Verlust, um den Traffic und den Umsatz für ihre Produkte zu steigern, in der Hoffnung, dass das bezahlte Marketing schließlich eine organische Dynamik aufbaut.

Unabhängig von der objektiven Rentabilität der Werbeausgaben ist eine Person mit der Fähigkeit, die Effektivität der Anzeigen eines Unternehmens zu verbessern, unabhängig davon, wie effektiv diese Effektivität ist, für dieses Unternehmen viel Geld wert. Eine Person, die sich durch bezahlte Werbung auszeichnet, kann enorme Mengen an gezieltem Traffic auf Websites ihrer Wahl lenken, und viele

Einzelunternehmer nutzen dies für ihre eigenen Aktivitäten.

Was beinhaltet bezahlte Werbung? Im Allgemeinen handelt es sich bei der Werbung um einen Trichter. Jeder Werbetrichter hat mehrere Phasen, die Menschen auf der obersten Ebene in die Marke und das Geschäft einführen und sie auf der untersten Ebene in zahlende Kunden verwandeln. Trichter müssen nicht immer auf einen Kaufpunkt ausgerichtet sein, sondern nur auf die KPIs, die in den Abschnitten zur Marken- und Social-Media-Strategie identifiziert wurden. Betrachten Sie zum Beispiel den folgenden Trichter eines theoretischen Geschäfts:

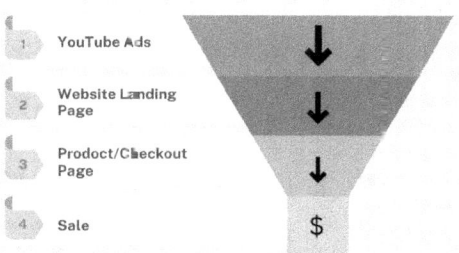

Advertising Funnel

1. YouTube Ads
2. Website Landing Page
3. Prodoct/Checkout Page
4. Sale

Bei der Erstellung großartiger bezahlter Werbetrichter geht es nicht nur um die Anzeigen. Stattdessen muss jeder Schritt des Trichters optimiert werden, um so viele Menschen wie möglich in die nächste Stufe zu bringen. Nehmen wir im theoretischen Fall an, dass 1 Million Menschen die YouTube-Anzeige eines kleinen Unternehmens sehen. Von den 1 Million klicken nur 10.000 auf die Anzeige und gelangen zur Zielseite. Dann gelangen nur 1.000 auf die Produkt-Checkout-Seite und 100 werden in einen Verkauf umgewandelt. Zu jedem Zeitpunkt kann ein schlechter Schritt im Trichter (z. B. eine schlechte Website, Anzeige oder Checkout-Seite) die Ergebnisse drastisch beeinflussen. Auf diese Weise muss jede Stufe bearbeitet werden, um sicherzustellen, dass der bestmögliche Gesamttrichter entsteht. Lassen Sie uns Tipps zum Erstellen und Verbessern jedes Schritts des Trichters erkunden.

An der Spitze eines bezahlten Werbetrichters befindet sich eine Anzeige, die den Nutzern eines bestimmten Mediums, z. B. einer Social-Networking-Website, angezeigt wird. Anzeigen sind in der Regel die Phase mit der geringsten Konvertierung des gesamten Trichters, da die Nutzer auf den meisten Plattformen zu viel Werbung ausgesetzt sind. Während das Thema der Anzeigenerstellung in den Abschnitten pro

Anzeigenplattform ausführlich behandelt wird, sollten Sie sich bei der Erstellung von Anzeigen auf diese wichtigen Dinge konzentrieren:

Erstellen Sie mit Blick auf Ihr Publikum. Du erstellst keine Werbung für jeden. Du erstellst Anzeigen, die bei deiner Zielgruppe (deinen zukünftigen Kunden) Anklang finden. Behalten Sie diese Gruppe und ihre spezifischen Probleme im Fokus.

Copywriting/Speaking. Je nach Format (Foto, Video, Text usw.) haben Sie eine kurze Zeit, um Ihren Zuschauern eine Botschaft zu vermitteln. Bei Videoanzeigen müssen Sie einen prägnanten Aufhänger haben (abhängig von der Länge), während bei foto- und textbasierten Anzeigen eine einprägsame Überschrift unerlässlich ist. Arbeiten Sie an der Einfachheit und integrieren Sie die Markenslogans, die im Abschnitt "Markenstrategie" identifiziert wurden. Stellen Sie vor allem sicher, dass Sie, wenn Sie sich in die Lage eines potenziellen Kunden versetzen, Ihre eigene Anzeige weiterhin ansehen (fragen Sie auch einige Freunde – Sie sind vielleicht ein wenig voreingenommen).

Design (Visuals). Visuals oder Bilder hängen von der Art der Werbung ab, die Sie produzieren möchten. Videoanzeigen unterscheiden sich visuell von Grafiken oder Textanzeigen. Wenn es um Videoanzeigen geht, sollten Visuals und Designelemente das Messaging und den Call-to-Action unterstützen und fördern. Denken Sie an den Abschnitt über die Markenstrategie zurück und stützen Sie das Design auf diese Entscheidungen. Berücksichtigen Sie das Tempo und die Länge – Sie möchten nur eine 15-sekündige Videoanzeige oder vielleicht ein längeres 2-minütiges Video produzieren. Diese Auswahlmöglichkeiten werden im gesamten Abschnitt "YouTube-Anzeigen" eingehend geprüft. Bei fotobasierten Anzeigen ist es noch wichtiger, dass visuelle Elemente die Botschaft und den Call-to-Action der Anzeige unterstützen. Halten Sie es einfach und markenkonform.

Nachricht. Über den anfänglichen Aufhänger hinaus vermitteln großartige produktorientierte Anzeigen den Zuschauern deutlich den Wert ihres Geschäfts und Angebots. Die meisten identifizieren ein Problem oder spielen darauf an und beschreiben die angebotene Lösung, oft in einer Weise, die soziale Beweise einbezieht. Unabhängig von der Art der Werbung, die Sie produzieren, behalten Sie die

Botschaft im Hinterkopf und halten Sie sie kurz und aussagekräftig.

Call-to-Action. Call-to-Actions ermutigen Kunden, die Maßnahmen zu ergreifen, die zu Ihrem KPI führen. Call-to-Actions können die Form "Jetzt kaufen", "Anruf buchen" oder "Erfahren Sie mehr" haben. Was auch immer es ist, stellen Sie sicher, dass es visuell klar und direkt ist. Erwägen Sie, eine Art Anreiz anzubieten, der über das Wertversprechen des Unternehmens hinausgeht, z. B. einen Rabatt, eine Testversion oder eine Belohnung, und versuchen Sie, die Dringlichkeit zu erhöhen.

Nach Conversions, die aus Anzeigen abgeleitet wurden, werden Kunden in der Regel auf eine Art Zielseite weitergeleitet. Eine Landing Page ist ein eigenständiges Webzeitalter, das speziell für eine

Marketingkampagne erstellt wurde. Alternativ können Sie Zuschauer auf ein Social-Media-Profil Ihres Unternehmens leiten, auf dem Sie eine Fangemeinde aufbauen möchten. Die Landing Page leitet die Nutzer in der Regel in die letzte Phase des Trichters, sei es durch den Beitritt zu einer E-Mail-Liste, den Besuch des geografischen Standorts eines Geschäfts oder den Online-Kauf eines Produkts. Beachten Sie beim Erstellen von Landingpages oder Websites die folgenden Best Practices:

Kommunizieren Sie klar und deutlich eine Botschaft. Die meisten Leute werden Ihre Zielseite fast sofort verlassen. Ihre Seite muss eine starke Überschrift haben, die den Wert der Seite prägnant vermittelt (warum ein Betrachter bleiben sollte). Sie können den Slogan Ihres Unternehmens verwenden oder einen Rabatt anbieten. Egal, wie Sie es machen, stellen Sie sicher, dass jemand in Ihrer Zielgruppe, der noch nie mit Ihrem Unternehmen in Berührung gekommen ist, in der Nähe bleiben möchte.

Lebendige Bilder und überzeugende Texte. Dies hängt mit Ihrer Markenstrategie als Ganzes zusammen – stellen Sie sicher, dass das Bildmaterial (das ein Muss ist!) und die Farben der Landing Page die Stimmung des Unternehmens vermitteln. Wenn Sie beispielsweise eine Agentur für personalisierte Innenarchitektur sind, können Sie sich für helle, freundliche Farben und Bilder von zufriedenen Kunden und Teammitgliedern entscheiden. Wenn Sie Unternehmenskunden Betriebsberatung anbieten, können Sie ein dunkleres und verfeinertes Farbset mit datengesteuerten Visualisierungen verwenden. Stellen Sie außerdem sicher, dass auf Ihre Überschrift prägnante, aber aussagekräftige Werbetexte folgen.

Testimonials, Fotos mit Kunden und Social-Proof-Visuals (alles, was kommuniziert, dass Sie echt und professionell sind) funktionieren alle gut.

Starker Call-to-Action. Ihr Call-to-Action bringt die Betrachter der Seite dazu, eine Aktion auszuführen, die sie weiter in Ihrem Trichter vorantreibt. Zum Beispiel sind "Herunterladen", "Jetzt herunterladen" und "Anruf buchen" allesamt Call-to-Actions. Stellen Sie sicher, dass der Call-to-Action auf Ihrer Landingpage klar ist und dass alle Elemente auf der Seite die Betrachter dorthin führen. Sie können eine Art Rabatt oder Belohnung anbieten, um die Leute zu ermutigen, dem Aufruf zum Handeln zu folgen.

Stellen Sie sicher, dass der Call-to-Action-Anmeldeprozess nicht schwierig ist. Wenn Sie beispielsweise auf "Anruf buchen" klicken und dann

Seiten mit persönlichen Informationen ausfüllen müssen, werden die Anmelderaten mit Sicherheit drastisch reduziert, selbst wenn Sie auf die Call-to-Action-Schaltfläche klicken. Vereinfachen und verkürzen Sie vielmehr das Kundenerlebnis so weit wie möglich.

Wir haben nun die großen Schritte untersucht, die bei der Erstellung eines Trichters für bezahlte Werbung erforderlich sind – zuerst die Anzeige, dann die Zielseite und schließlich der Call-to-Action und das daraus resultierende Verhalten. Wir werden nun mit einer Beschreibung der wichtigsten Werbeplattformen und der wichtigsten Best Practices für jede Plattform fortfahren.

Google Anzeigen

Google Ads ist die Quintessenz der Suchmaschinen-Anzeigenplattform. Es schaltet Anzeigen für die 70.000 Menschen, die jede Sekunde etwas googeln, und für seine etwa vier Milliarden Nutzer insgesamt.

Google Ads hat eine durchschnittliche Klickrate von 2 %, was bedeutet, dass ein Nutzer von fünfzig Klicks auf eine reguläre Anzeige klickt. 1,2 Millionen Unternehmen nutzen Google Ads, während Unternehmen durchschnittlich 2 US-Dollar Umsatz pro ausgegebenem Werbedollar erzielen.

Zusammenfassend lässt sich sagen, dass Google Ads ein leistungsstarkes Tool für alle Arten von Unternehmen ist. Die Plattform basiert auf einem PPCoder Pay-per-Click-Modell. Das bedeutet, dass Sie nur bezahlen, wenn auf Ihre Anzeige geklickt wird – wenn 1 von 100 Personen auf die Anzeige klickt, zahlen Sie nur für den einen Klick, nicht für die hundert Aufrufe (bekannt als Impressionen). Beachten Sie die folgenden Begriffe nicht nur bei Google Ads, sondern bei allen PPC-Anzeigenplattformen:

- Ein **Schlüsselwort** ist ein Wort oder eine Wortgruppe, die von Nutzern gesucht wird, die Ihre Anzeige sehen.
- Click-Through-Rate, bekannt als **CTR** oder **CTW**, d. h. Klicks geteilt durch Impressionen oder die Anzahl der Personen, die auf Ihre Anzeige geklickt haben, im Vergleich zur Anzahl der Personen, die sie gesehen haben (z. B. wenn einer von hundert Personen auf eine Anzeige klickt, beträgt die Klickrate 1 %).

- Ein **bieten** ist, wie viel Sie bereit sind, für jeden Klick zu bezahlen. Werbeplattformen funktionieren wie Auktionshäuser: Da viele Unternehmen um die gleichen Keywords konkurrieren, erhält nur die Anzeige mit dem höchsten Gebot die Platzierung.[1]
- Dein **CPC**, oder Cost per Click, sind die Kosten für Anzeigen geteilt durch die Anzahl der Klicks.
- **ROAS**Der Return on Ad Spend entspricht dem gesamten Conversion-Wert (z. B. verkaufte Einheiten oder generierte Kunden) geteilt durch die Gesamtkosten. Auf diese Weise ähnelt es dem ROI, aber denken Sie daran, dass es auf dem Umsatz

---

[1] Dies ist eine Vereinfachung. Bleiben Sie vorerst dabei, aber denken Sie daran, dass die Qualität zählt, nicht nur der Gebotspreis.

dividiert durch die Kosten und nicht auf dem Gewinn basiert.

Besuchen Sie **ads.google.com,** um mit Google Ads zu beginnen. Beachten Sie, dass Google Erstnutzern, die 500 US-Dollar für Anzeigen ausgeben, ein kostenloses Anzeigenguthaben in Höhe von 500 US-Dollar gewährt.

Sobald Sie sich mit Ihrer geschäftlichen E-Mail-Adresse angemeldet haben, folgen Sie ein paar kurzen Einrichtungsschritten. Sie gelangen auf die Seite "Jetzt ist es an der Zeit, Ihre Anzeige zu schreiben".

Konzentrieren Sie sich beim Schreiben von Texten darauf, es einfach zu halten. Sie haben nur begrenzten Platz, also denken Sie an Ihre Zielgruppe und Ihre Botschaft zurück. Fügen Sie einen Call-to-Action hinzu und stellen Sie sicher, dass Ihre Anzeigen mit dem übereinstimmen, was die Zuschauer erleben, wenn sie auf die Anzeige klicken und den Trichter durchlaufen. Verwenden Sie Social Proof, und wenn Sie beabsichtigen, lokal zu werben, machen Sie deutlich, dass Sie ein bestimmtes lokales Gebiet bedienen.

Wählen Sie auf der nächsten Seite bestimmte und relevante Schlüsselwörter aus, von denen Sie sich vorstellen, dass jemand, der sich für Ihr Produkt oder Ihre Dienstleistung interessiert, suchen würde. Geben Sie dann die Standorte an, an denen Ihre Anzeige geschaltet werden soll. Wenn Sie ein Unternehmen mit einem physischen Standort sind, gehen Sie hyperlokal vor. Wenn nicht, wählen Sie Gebiete aus, die die demografische Gruppe, auf die Sie abzielen, am besten repräsentieren.

Wählen Sie schließlich ein angemessenes Budget (fangen Sie klein an, aber nicht klein genug, dass die Ergebnisse schwer zu messen sind). Sobald Sie Zahlungsinformationen hinzugefügt haben, können Sie loslegen! Vergewissern Sie sich einfach, dass das Guthabenangebot in Höhe von 500 USD auf Ihr Konto angewendet wird (sichtbar, wenn Sie Zahlungsinformationen hinzufügen).

Der Google Ads-Algorithmus berücksichtigt einen Qualitätsfaktor für Gebote. Aus diesem Grund kann es einige Zeit dauern, bis neue Konten und Kampagnen eingerichtet sind – seien Sie sich bewusst, dass Google die Qualität Ihrer Anzeige ermittelt und nicht Ihre Schuld trägt.

Wenn Sie weiterhin Google-Anzeigen verwenden, sollten Sie die folgenden Strategien und Best Practices berücksichtigen:

- **Überschriften und Beschreibungen von A/B-Tests.** Beim Werbespiel geht es darum, so viele Anzeigen und Keywords wie möglich zu testen und sie zu sortieren, um die besten Performer zu identifizieren. Führen Sie dazu A/B-Tests durch, indem Sie neue Anzeigen erstellen, die nur eine Variable der leistungsstärksten Anzeigen ändern. Wenn Sie beispielsweise mit dem Suchbegriff "Kameraausrüstung kaufen" auf Personen in Kanada abzielen, versuchen Sie, im Vereinigten Königreich mit demselben Keyword zu werben. Split-Tests auf diese Weise im Laufe der Zeit sowie die

Schichtung von demografischen und Interessengebieten (auf anderen Plattformen sowie Google) sind die bewährte Formel für den langfristigen Erfolg von PPC.

- **Eliminieren Sie im Laufe der Zeit leistungsschwache Keywords und Standorte.** Indem Sie viele Keywords testen und die Keywords mit der geringsten Rendite konsequent entfernen, erhalten Sie die profitabelsten und kostengünstigsten Anzeigen.

- **Werben Sie mit den Keywords der Konkurrenz.** Wenn Menschen nach Konkurrenten suchen, die ähnliche Produkte oder Dienstleistungen wie Sie anbieten, werden sie wahrscheinlich auch an Ihren Produkten und Dienstleistungen interessiert sein. Fügen Sie also einfach die

Namen Ihrer Konkurrenten als Keywords hinzu, auf denen Ihre Anzeigen geschaltet werden. Konzentrieren Sie sich bei dieser Strategie auf das, was Sie in den Überschriften und Beschreibungen von der Konkurrenz unterscheidet.

Beachten Sie, wie sich diese Strategien in einer Buchwerbung auswirken, die ich derzeit durchführe (siehe unten). Die Anzeige wird mit einer niedrigen Klickrate von 1 % und einem ähnlich niedrigen CPC von 0,05 $ geschaltet. Angesichts der Tatsache, dass etwa 3 % der Klicks in einen Verkauf umgewandelt werden und der durchschnittliche Gewinn aus jedem Verkauf 3,5 US-Dollar beträgt, generiert die Anzeige einen Gewinn-ROAS von 1,8 oder 1,8 US-Dollar Bruttogewinn pro Dollar, der für Werbung ausgegeben wird.

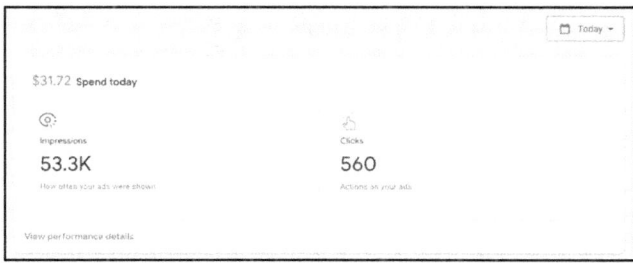

Zusätzlich zu diesen übergreifenden Strategien finden Sie hier einige Tools, die Ihnen helfen können, Keywords zu identifizieren und Anzeigen zu optimieren:

- **SEMrush**: leistungsstarke Keyword-Recherche und -Analyse.
- **SpyFu:** Keyword-Tracking und Konkurrenzrecherche.
- **Antworten Sie der Öffentlichkeit**: Sehen Sie, wonach die Leute suchen.

- **ClickCease**: Verhindern Sie Klickbetrug und Klickfarmen.
- **Dashword**: Anzeigentext optimieren.

Abschließend möchte ich noch einmal betonen, dass Google mit Abstand die größte Werbeplattform der Welt ist, mit Milliarden von Verbrauchern, die auf seine Anzeigen klicken. Geben Sie ihm Zeit und verstehen Sie, dass die Rentabilität nicht nur vom Glück abhängt, wenn es um den Erfolg von PPCs geht, sondern vielmehr von der Arbeit, die Sie in die Optimierung von Kampagnen stecken.

YouTube-Anzeigen

Als weltweit führende Video-Sharing-Site verzeichnet YouTube über zwei Milliarden Unique Visitors pro Monat. Im Vergleich zu textbasierten Google-Anzeigen können Sie mit YouTube ein Publikum auf eine sehr visuelle – und wenn es richtig gemacht wird, ansprechende – Weise erreichen.

Da Google YouTube besitzt, können YouTube-Anzeigen auf der Google Ads-Plattform eingerichtet werden, und mit YouTube können Sie Videos in den Google-Suchergebnissen bewerben. [2] Wir

---

[2] Außerdem werden Nur-Text-Anzeigen auf YouTube beworben.

konzentrieren uns auf Videowerbung innerhalb der YouTube-Plattform.

YouTube-Anzeigen können verwendet werden, um das Engagement und das Abonnentenwachstum auf einem YouTube-Kanal zu erhöhen oder (was beliebter ist) um Zuschauer in einen Trichter zu leiten, um letztendlich mit einem bestimmten Unternehmen in Kontakt zu treten. Beachten Sie in der folgenden Kampagne von mir den spottbilligen CPV oder Cost-per-View. Im Wesentlichen war diese Kampagne für etwa 100 US-Dollar in der Lage, die durchschnittliche Anzahl der Aufrufe des Kanals zu diesem Zeitpunkt effektiv zu verzehnfachen, die Anzeige fast 300.000 Menschen in der Nähe des Unternehmens hinter dem Kanal anzuzeigen und eine signifikante Abonnentenbindung zu generieren.

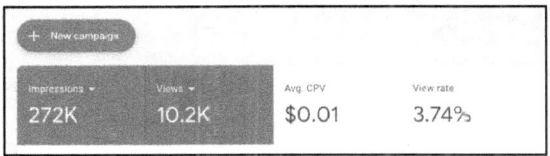

Beachten Sie alternativ die folgende Kampagne, die entwickelt wurde, um Klicks zu generieren und Kunden auf eine Website zu leiten. Jedes dieser gegensätzlichen Modelle oder eine Kombination aus beiden kann gemäß den Zielen Ihrer digitalen und sozialen Strategie verwendet werden.

Beachten Sie nun die verschiedenen Arten von YouTube-Anzeigen wie folgt:

Überspringbare In-Stream-Videoanzeigen: Diese Anzeigen werden vor (Pre-Roll) oder während eines Videos (Mid-Roll) abgespielt und können nach fünf Sekunden übersprungen werden. Wie beim PPC-Modell zahlen Sie nur, wenn ein Zuschauer auf die Anzeige klickt oder entweder das gesamte Video (wenn es weniger als dreißig Sekunden lang ist) oder die ersten dreißig Sekunden ansieht.

Nicht überspringbare In-Stream-Videoanzeigen: Da die meisten YouTube-Zuschauer Anzeigen nach fünf Sekunden automatisch überspringen, bietet YouTube nicht überspringbare In-Stream-Anzeigen an. Diese Anzeigen, die bis zu 15 Sekunden lang sein können, können von den Nutzern nicht übersprungen werden und werden entweder vor oder während eines Videos abgespielt. YouTube berechnet jedoch Impressionen für nicht überspringbare

Anzeigen, im Gegensatz zu Anzeigen pro Klick oder pro Aufruf. Die gestiegenen Kosten für nicht überspringbare Anzeigen müssen also gegen das erhöhte Engagement abgewogen werden.

Discovery-Anzeigen: Diese Anzeigen neben den Suchergebnissen angezeigt werden, nicht vor oder während eines Videos. Im Gegensatz zu den Zuschauern, die das Video direkt ansehen, haben sie die Möglichkeit, darauf zu klicken und zum zugehörigen Video oder Kanal weitergeleitet zu werden. Discovery-Anzeigen erlauben drei Textzeilen zusätzlich zu einem Video und eignen sich aus diesem Grund gut für Unternehmen mit flotten Texten (insbesondere Textskripten, die auf anderen Werbeplattformen gut funktioniert haben) und einem geringeren Fokus auf den reinen Videoansatz.

Wenn Sie eine erste Kampagne einrichten möchten, melden Sie sich in Ihrem Google Ads-Konto an oder registrieren Sie sich unter ads.google.com (beachten Sie, dass das Guthaben von 500 USD auf Ihrem Google Ads-Konto auch für YouTube-Anzeigen gelten kann).

Klicken Sie auf "Neue Kampagne". Wählen Sie ein Kampagnenziel aus, genau wie beim Einrichten einer Google-Anzeige, und wählen Sie bei der Auswahl des Kampagnentyps "Video" aus. [3] Möglicherweise müssen Sie Conversion-Tracking einrichten, bei dem es sich um eine einfache Website-Integration handelt, je nachdem, welches Ziel Sie wählen.

---

[3] Sie können auch direkt auf die Seite zur Einrichtung von Videoanzeigen gelangen, indem Sie "YouTube-Anzeigen" googeln.

Wählen Sie dann den Kampagnenuntertyp (einen der oben beschriebenen Anzeigentypen) aus. Ignorieren Sie "Outstream" und "Ad Sequence" vorerst. Wählen Sie die Sprache der Anzeige, die Standorte, an denen Sie werben möchten, das Kampagnenziel (die automatische Auswahl ist in Ordnung, und Sie müssen als Erstnutzer keine Zielkosten pro Aktion festlegen) und Ihr Budget aus.

Sie können jetzt eine benutzerdefinierte Zielgruppe erstellen, die demografische Daten, Interessen und Remarketing enthält (z. B. Nutzer, die bereits mit Ihren Inhalten oder Ihrer Website interagiert haben). Entwerfen Sie Ihre benutzerdefinierte Zielgruppe um die Zielgruppe herum, die Sie im Abschnitt "Markenstrategie" für Ihr Unternehmen definiert haben. Achten Sie darauf, nicht zu spezifisch zu sein, da sonst die Reichweite der Anzeige begrenzt ist. Was die Platzierungen betrifft: Wenn Sie neu in der Online-Werbung sind, werfen Sie ein breites Netz durch ein paar Dutzend Keywords, Themen und Platzierungen, die zu Ihrer Zielgruppe passen. Google erledigt dies für Sie basierend auf dem Inhalt des Videos, mit dem Sie werben, sodass Sie sich auch dafür entscheiden können, Placements als "beliebig" zu belassen.

Möglicherweise müssen Sie Inhalte für ein Companion-Banner hinzufügen – wenn ja, lassen Sie es einfach von Google automatisch für Sie generieren. Stellen Sie schließlich sicher, dass Sie einen starken Call-to-Action und eine Überschrift für die Anzeige unter der Videoanzeige auswählen.

Sie können jetzt auf "Kampagne erstellen" klicken. Ihre Anzeige sollte innerhalb weniger Stunden geschaltet werden. Behalte diese Strategien und Tipps im Hinterkopf, wenn du weiterhin YouTube Ads betreibst:

Vergewissern Sie sich, dass Ihr **Google Ads-Konto mit Ihrem YouTube-Kanal verknüpft ist**. Klicken Sie dazu auf "Tools und Einstellungen", "Einrichtung" und "Verknüpfte Konten".

YouTube-Anzeigen auf "Nicht gelistet" setzen. YouTube-Anzeigen müssen auf YouTube hochgeladen werden. Wenn du beabsichtigst, Videos für Werbeanzeigen zu verwenden, sie aber nicht auf deinem Hauptkanal veröffentlichen möchtest, setze einfach die Sichtbarkeit in den Videoeinstellungen auf "Nicht gelistet". Laden Sie außerdem die YouTube Studio und Google Ads Apps herunter, um unterwegs Analysen zu erstellen.

In einer Studie von Unskippable Labs **wurde festgestellt, dass 30-sekündige überspringbare YouTube-Anzeigen die höchste View-Through-Rate (VTR) aufweisen.** Die ersten fünf Sekunden sind die wichtigsten – konzentrieren Sie eine Anzeige auf das Wertversprechen, den Pitch, den Slogan oder das Angebot, das in dieser ersten Zeitspanne gemacht wurde.

Entwerfen Sie Anzeigen speziell für die Anzeige auf Mobilgeräten oder Desktops. Anzeigen für Mobilgeräte sollten große und klare Text- und Grafikelemente enthalten. Der Desktop bietet mehr Platz für kreative Elemente und Designfunktionen.

Nutzen Sie Kampagnenexperimente. Kampagnentests (ähnlich wie A/B-Tests auf

Facebook) ermöglichen es Nutzern, Anzeigen zu kopieren und eine oder mehrere Variablen zu ändern. Auf diese Weise können Sie testen, wie sich das Ändern bestimmter Variablen wie Keywords, Landingpages oder Zielgruppen auf die Anzeigenleistung auswirkt.

Qualität gewinnt. Das gilt auch für Authentizität.

Qualität und Authentizität stellen zwei gegensätzliche Ansätze für Werbung dar – sagen wir, eine Superbowl-Werbung mit berühmten Schauspielern, komplexen Sets und visuellen Effekten im Vergleich zu einer Person, die mit ihrem iPhone 6 in ihrem Wohnzimmer aufnimmt. Beide Themen funktionieren – nehmen Sie sich etwas Zeit, um darüber nachzudenken, welche Art von übergreifendem Anzeigenthema und -stil zu Ihrer Marke passt und bestmöglich mit Ihrer Zielgruppe kommuniziert. Externe Hilfe hinzuzuziehen, um großartige Anzeigen zu erstellen, ist fast immer der richtige Schritt.

Lernen Sie von Ihren Mitbewerbern und von sich selbst. Wenn Konkurrenten, die ähnliche Produkte oder Dienstleistungen wie Sie anbieten, schon seit einiger Zeit YouTube-Anzeigen schalten, haben sie wahrscheinlich etwas herausgefunden. Verwenden Sie ihre Anzeigen als Datenpunkt, wenn Sie überlegen, wie Sie Ihre Anzeigen und Kampagnen gestalten sollen. Wenn Sie auf anderen Werbeplattformen erfolgreich waren, sollten Sie diese Erkenntnisse in Ihren YouTube-Anzeigenerstellungs- und -optimierungsprozess einfließen lassen. Ihre zusammengefassten Marketingaktivitäten (insbesondere bei digitalen Werbeplattformen) lassen sich am besten als ein Netzwerk betrachten, das im

Laufe der Zeit exponentiell lernt, was funktioniert und was nicht.

Wir haben uns jetzt mit YouTube-Anzeigen befasst – als nächstes ist der Gigant der Social-Media-Anzeigen an der Reihe.

Facebook (auf Englisch) Anzeigen

Während Google die Quintessenz der Suchmaschinen-Werbeplattform (Browser) ist, ist Facebook die klassische Social-Media-Werbeplattform. Facebook hat fast drei Milliarden monatlich aktive Nutzer, während die durchschnittliche Conversion-Rate (CTR) von Facebook-Anzeigen bei etwa 9 % liegt und 41 % der befragten Einzelhändler angaben, dass ihr ROAS auf Facebook am höchsten war. Facebook ist auch eine leistungsstarke Werbeplattform, da es eine Reihe von Tools bietet, mit denen Werbetreibende die Personen, die sie erreichen möchten, genau ansprechen können, z. B. durch Interessen, Verhaltensweisen, Verlauf usw. Obwohl die Zielgenauigkeit von Facebook-

Anzeigen in letzter Zeit aufgrund von Datenschutzbedenken abgenommen hat, bietet es im Vergleich zu den meisten großen Werbeplattformen immer noch sehr leistungsstarke Targeting-Tools.

Facebook-Anzeigen sind in Instagram integriert (da Meta, ehemals Facebook, sowohl Facebook als auch Instagram besitzt), so dass über Facebook erstellte Anzeigen gleichzeitig auf Instagram geschaltet werden können.

Schließlich verfügt Facebook über ein "Meta-Pixel" (ehemals Facebook-Pixel), bei dem es sich um einen Code handelt, der Ihrer Website hinzugefügt wird. Auf diese Weise können Sie die Aktionen, die Kunden über Facebook-Werbeanzeigen ausführen, effektiv verfolgen, um Conversions und Endergebniskennzahlen besser zu überwachen. Mit dem Facebook-Pixel können Sie Kunden auch später erneut ansprechen, da es ihre Aktionen verfolgt, sobald sie Ihre Website besuchen, und diese Daten aggregiert, um Werbeanzeigen automatisch zu optimieren. Pixel können sogar auf Ihrer Website eingerichtet werden, noch bevor Sie mit der Verwendung von Facebook-Werbeanzeigen beginnen.

Gehen Sie dazu bei business.facebook.com unter "Alle Tools" auf den "Eventmanager". Klicken Sie auf "Datenquellen verbinden", "Web" und wählen Sie dann "Meta-Pixel" aus. Klicken Sie auf "Verbinden", geben Sie einen Namen ein und geben Sie die URL Ihrer Website ein. Sie können sich automatisch mit WordPress verbinden. Wenn du dich für einen anderen Website-Anbieter als WordPress entschieden hast, suche nach einer Anleitung zur manuellen Installation des Pixels in diesem System.

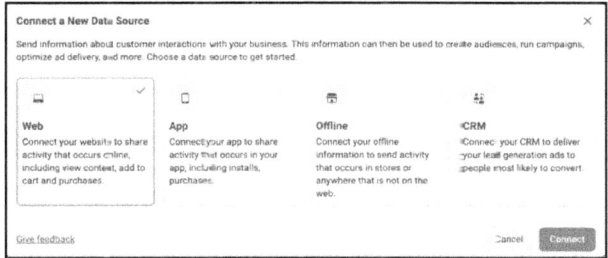

Sobald das Pixel integriert ist, können Sie Events einrichten. Ereignisse sind Aktionen, die Personen auf Ihrer Website ausführen, z. B. den Kauf eines Produkts, den Beitritt zu einer E-Mail-Liste oder die Buchung eines Meetings. Du kannst Events zwar manuell einrichten, aber am einfachsten ist es, dies über das Event-Setup-Tool zu tun, das du im Meta Events Manager findest.

Nachdem das Pixel ordnungsgemäß installiert und Events erstellt wurden, wollen wir uns die Facebook-Werbeplattform und die Kampagneneinrichtung ansehen.

Bestätige, dass du bei deinem Facebook-Geschäftskonto angemeldet bist. Rufen Sie dann facebook.com/adsmanager/manage/campaigns auf, um direkt zum Werbeanzeigenmanager zu gelangen. Lade dir die Meta Ads Manager-App für mobile Analysen herunter.

Klicken Sie anschließend unter Kampagnen auf die Schaltfläche "Erstellen" und wählen Sie ein Kampagnenziel aus. Die meisten kleinen Unternehmen entscheiden sich für Verkäufe, Leads oder Bekanntheit. Nach der Auswahl werden Sie auf die neue Kampagnenseite weitergeleitet. Facebook-

Werbeanzeigen funktionieren auf den folgenden drei Ebenen:

Feldzüge Definieren Sie die übergeordneten Ziele Ihrer Werbung, wie z. B. das Ziel, und machen Sie es einfach, verschiedene Kampagnen nach ihrem zugewiesenen Zweck zu gruppieren.

Anzeigengruppen befinden sich eine Ebene unterhalb von Kampagnen und definieren eine bestimmte Zielgruppe, der Anzeiger angezeigt werden. Hier legen Sie auch das Budget, den Zeitplan und die Gebote fest. Abschließend wird ein **Inserat** ist das, was Kunden sehen. Auf Anzeigerebene fügen Sie Text, Bildmaterial und einen Call-to-Action-Button hinzu.

| Campaigns | Ad sets | Ads |

Jede Anzeigengruppe kann also mehrere Werbeanzeigen haben, und jede Kampagne kann mehrere Anzeigengruppen haben. Während der Einrichtung wirst du aufgefordert, eine Kampagne, eine Anzeigengruppe und eine Werbeanzeige zu erstellen.

Zurück auf dem Kampagnen-Einrichtungsbildschirm, wählen Sie einen Namen, lassen Sie den "A/B-Test" deaktiviert (da dies in der Symbolleiste des Werbeanzeigenmanagers am einfachsten ist), aktivieren Sie "Budget für Vorteilskampagnen" und klicken Sie auf Weiter.

Jetzt kannst du auf der Seite zur Erstellung von Anzeigengruppen die Zielgruppe definieren, die du erreichen möchtest. Verbinde dein Pixel, aktiviere "dynamisches Creative" und lege ein Budget fest. Es ist am besten, Ihr Budget auf viele Anzeigen aufzuteilen (um letztendlich zu den leistungsstärksten Anzeigen zu gelangen), anstatt alles für eine einzige Anzeige auszugeben.

Wählen Sie als Nächstes Ihre Zielgruppe aus. Zielgruppen können basierend auf Standort, Alter, Geschlecht, Verbindungen, demografischen Merkmalen, Interessen, Sprachen und Verhaltensweisen angepasst werden. Auch hier geht es bei Anzeigen wirklich um Experimente, daher sollten Sie versuchen, im Laufe der Zeit eine Vielzahl von Zielgruppen zu testen. Passen Sie die Zielgruppe vorerst an die normale Art von Kunden an, die Sie bedienen. Haben Sie nicht das Bedürfnis, alle Targeting-Optionen zu nutzen – wenn Ihr Kundenstamm beispielsweise nicht auf ein bestimmtes Geschlecht ausgerichtet ist, belassen Sie es einfach bei "alle Geschlechter". Während es in der

Regel besser ist, die Zielgruppenauswahl von vornherein spezifisch zu halten, stellen Sie sicher, dass Ihre ausgewählte Zielgruppe nicht zu klein ist. Wenn nicht, werden Sie nicht in der Lage sein, genügend Impressionen oder aussagekräftige Conversions zu generieren. Behalten Sie "Advantage Detailed Targeting" bei und stellen Sie sicher, dass Sie die Zielgruppe für die weitere Verwendung und A/B-Tests speichern. Lassen Sie "Cost-per-Result-Ziel" vorerst leer.[4]

Sie können nun zur Seite "Anzeigeneinrichtung" wechseln. Stellen Sie sicher, dass die verknüpften Facebook- und Instagram-Konten korrekt sind. Wählen Sie dann das Format aus und beachten Sie,

---

[4] Da die Kosten pro Ergebnis stark variieren, ist es am besten, sich erst dann ein Ziel zu setzen, wenn Sie eine Baseline festgelegt haben.

dass "Karussell" am besten geeignet ist, um mehrere Bilder oder Videos anzuzeigen, die Ihre Angebote oder Ihr Unternehmen detailliert beschreiben.

Benutzerdefinierte Medien-PPC-Anzeigen eignen sich am besten – wie bei YouTube-Anzeigen bemerken die Nutzer hochwertige Grafiken, Fotos und Videos. Noch wichtiger ist, dass fast jeder sofort an schlechten vorbeiscrollt. Konzentrieren Sie sich auf Einfachheit und attraktive Grafiken. Achten Sie wie immer darauf, Elemente Ihrer Markenstrategie zu integrieren.

Denken Sie beim Entwerfen Ihrer Anzeige und beim Schreiben von Texten an das Wertversprechen der Anzeige – Sie brauchen etwas, das so klebrig oder verlockend ist, dass die Leute sicher nachforschen werden. Dabei kann es sich um einen großen Rabatt, ein einzigartiges Produkt, eine lokale Dienstleistung oder eine herzzerreißende Botschaft handeln. Was auch immer es ist, stellen Sie sicher, dass es in der Überschrift, im Primärtext und in den Grafiken deutlich wird. Die Anzeigenspezifikationen lauten wie folgt:

- **Image-Anzeigen**: Größe: 1.200 x 628 Pixel. Verhältnis: 1,91:1.
- **Videoanzeigen**: Dateigröße: max. 2,3 GB Thumbnail-Größe: 1.200 x 675 Pixel.
- **Carousel Ads**: Bildgröße: 1.080 x 1.080 Pixel.
- **Slideshow-Anzeigen**: Größe: 1.289 x 720 Pixel. Verhältnis: 2:3, 16:9 oder 1:1.

Stellen Sie sicher, dass Sie die fünf möglichen Optionen für den Überschriften- und Beschreibungstext ausfüllen (arbeiten Sie auch hier rückwärts, um die Top-Performer aus einer starken Ausgangsgruppe zu identifizieren). Gehen Sie nicht auf Keywords ein oder versuchen Sie, übermäßig Clickbaity zu klingen – kommunizieren Sie einfach Ihren Wert.

Wählen Sie abschließend einen relevanten Call-to-Action-Button. Sobald du fertig bist, hast du erfolgreich eine Kampagne, eine Anzeigergruppe und eine Werbeanzeige erstellt. Alles, was Sie noch tun müssen, ist auf "Veröffentlichen" zu klicken.

Befolgen Sie die gleiche Strategie wie im Abschnitt Google Ads, indem Sie Ihr Budget auf mehrere Anzeigen und Anzeigen aufteilen, die schlechtesten Performer entfernen, A/B-Tests durchführen und diesen Prozess im Laufe der Zeit fortsetzen (oder in dem Umfang, der Ihrem Unternehmen am besten dient). Zum Schluss noch ein paar schnelle Tipps, die Sie beachten sollten:

- Erstelle Facebook Canvas-Anzeigen – sie sind zwar mit höherem Aufwand zu erstellen, erhöhen aber nachweislich das Engagement.
- Erhöhen Sie die Sichtbarkeit von Beiträgen durch das Ziel "Engagement".
- Nutzen Sie das Tool "Lookalike Audience".
- Wählen Sie aus, ob Sie Anzeigen nur auf dem Desktop oder auf Mobilgeräten schalten möchten (je nachdem, was besser zu Ihrem Trichter passt).

Damit sind die Facebook-Werbeanzeigen abgeschlossen. Beachten Sie, dass Datenschutzänderungen Facebook dazu zwingen, seine Tracking-Mechanismen häufig zu aktualisieren. Dieses Buch wird jedes Jahr aktualisiert, um die aktuellen Bedingungen so genau wie möglich widerzuspiegeln, aber verstehen Sie, dass sich der Einrichtungsprozess im Laufe der Zeit ändern kann.

Instagram-Anzeigen

Facebook-Werbeanzeigen werden automatisch auf Instagram angezeigt. Dieser Abschnitt befasst sich mit der Funktion "Gesponserte Beiträge" auf Instagram, mit dem Benutzer Instagram-Posts bewerben können, als wären sie Anzeigen. Instagram-Anzeigen sind eine großartige Möglichkeit, die Bekanntheit zu erhöhen und schnell eine Fangemeinde auf Instagram zu gewinnen.

Um Beiträge zu bewerben, melden Sie sich bei einem geschäftlichen (professionellen) Instagram-Konto an. Navigieren Sie zu "Anzeigentools" und tippen Sie auf "Beitrag auswählen". Wählen Sie den Beitrag aus, den Sie bewerben möchten – wenn Sie Ihr Instagram-Konto noch nicht mit der Facebook-Seite Ihres

Unternehmens verbunden haben, ist es jetzt an der Zeit.

Lege dann das Ziel der Werbeanzeige fest, passe die Zielgruppe an, die du erreichen möchtest, und wähle dein Budget aus. Ihre Anzeige wird in Kürze geschaltet – bleiben Sie mit den Analysen auf dem Laufenden, entweder über den Analytics-Button in jedem Beitrag oder über die Schaltfläche "Anzeigentools".

Wenn Sie einen Instagram-Shop mit Ihrer Seite verknüpft haben, können Sie Ihre Produkte in einem Beitrag markieren und diesen Beitrag dann bewerben, um sie in eine Anzeige aufzunehmen.

Während Instagram-Anzeigen im Vergleich zu Plattformen wie Google oder Facebook nicht so wahrscheinlich asymmetrische Ergebnisse liefern, sind sie bemerkenswert stabil und konsistent in den Ergebnissen, die sie liefern, und wie bereits erwähnt, eine großartige Möglichkeit, die Bekanntheit zu erhöhen und eine Fangemeinde aufzubauen.

Betrachten Sie die Analysen aus einer kleinen Post-Promotion von mir. Werbeausgaben in Höhe von 200 US-Dollar generierten etwa 1.400 Likes, 70 Shares und 5.881 Profilbesuche, die zu mehreren hundert neuen Followern führten. Auf einem relativ kleinen Konto war dies ein großer Schub für das Wachstum der Seite und die Bekanntheit des Beitrags.

Leider bietet Instagram derzeit keine Belohnungen für erstmalige Nutzer von Instagram-Anzeigen an. Wenn Sie eine Gutschrift für die Erstellung einer Werbeanzeige über Facebook wünschen, die auf Instagram geteilt werden kann ‚ohne den Interaktions- und Bekanntheitsvorteil der Werbung für einen Beitrag`. lesen Sie den Abschnitt Facebook-Anzeigen.

Wir haben jetzt die wichtigsten Werbeplattformen abgedeckt: Facebook, Instagram, Google und YouTube. Wir werden nun eine zweite Ebene von

Werbeplattformen untersuchen: Nextdoor, TikTok, Pinterest, Snapchat und Amazon.

Nextdoor-Anzeigen

Dieser Abschnitt wurde mit den Erkenntnissen von Blake Martin geschrieben, der Nextdoor Ads nutzte, um sein Geschäft für Bordsteinmaler als Highschool-Schüler zu einem sechsstelligen Gewinn auszubauen. Nebenan ist ein leistungsstarkes Networking- und Lead-Generierungstool für Unternehmen, die eine lokale Kundschaft bedienen.

Mit 70 Millionen Nutzern nutzt Nextdoor die Community, um Unternehmen beim Wachstum zu unterstützen – tatsächlich kaufen 88 % der Menschen mindestens einmal pro Woche in einem lokalen Unternehmen ein und 44 % geben an, dass sie bereit sind, mehr Geld für lokale Unternehmen auszugeben. Nextdoor als Sprachrohr zu nutzen, um deine lokale Community durch Werbung und organische Inhalte zu erreichen, ist also ein absolutes Muss für Unternehmen mit physischen Standorten oder für eine lokale Community.

Wir werden mehrere Outreach-Techniken untersuchen, die sich nachweislich positiv auf viele kleine Unternehmen auswirken. Alle Unternehmen sollten ihre Unternehmensseite einrichten und einen ersten Beitrag teilen, in dem sie ihr Unternehmen auf der Nextdoor-Plattform vorstellen. Wenn Ihr Unternehmen günstige Artikel anbietet und am meisten von einem wiederkehrenden lokalen Kundenstamm profitiert, ist die regelmäßige Veröffentlichung organischer Inhalte eine erstklassige Strategie (im Vergleich zu Werbung, auf die wir weiter unten eingehen werden).

Befolgen Sie im ersten Beitrag entweder das *Selbstverkaufsformat* oder die Verkaufsmethode *für Ihren Kunden*. Die *Sell-yourself-Methode* ist klassisch, aber dennoch effektiv. Beginnen Sie damit, Ihr Unternehmen der Community auf sympathische Weise vorzustellen (integrieren Sie Ihre Geschichte so weit wie möglich) und geben Sie dann an, was Sie als Unternehmen im Vergleich zu anderen in Ihrer Community unterscheidet (fügen Sie relevantes Bildmaterial hinzu). Als erstes Beispiel: "Hallo, mein Name ist Daegan. Ich bin Friseurin in San Francisco und habe mich auf die Behandlung von Haarausfall spezialisiert."

Nextdoor hat ein älteres Publikum als die typische Social-Media-App, so dass Daegan eine Lösung für ein Problem bietet, das häufig bei älteren Bevölkerungsgruppen auftritt. Ob du dies in deinem

Nextdoor-Pitch replizierst, hängt davon ab, wo du wohnst – analysiere einfach die Altersgruppen und Demografien in deiner Community.

Geben Sie in dem Beitrag auch die Preise für Ihr Produkt/Ihre Dienstleistung an und schließen Sie mit Kontaktinformationen und dem Standort des Geschäfts (falls relevant) sowie Rabatten oder Belohnungen. Sie können sich diese Initiale vorstellen

Beim zweiten Post-Format, der sogenannten *Sell-Your-Client-Methode*, geht es darum, Ihre Kunden dazu zu bringen, die Vorteile zu berücksichtigen, die sie von Ihren Produkten oder Dienstleistungen erfahren würden. Anstatt dass Daegan einfach nur sein Geschäft beschreibt, könnte er zum Beispiel ein Vorher-Nachher-Foto seiner Haarausfallbehandlung posten. Durch die Beschreibung eines Stammkunden und wie er seine Probleme löst, werden Menschen, die dem Zielkundenprofil entsprechen, stark reagieren – im Wesentlichen wird der Betrachter durch visuelle Hinweise, Testimonials und verlockende Sprache zum Nachdenken darüber angeregt, was Ihr Produkt/Ihre Dienstleistung für ihn tun könnte.

Am wichtigsten ist, dass Sie sicherstellen, dass Ihre Beiträge eine Geschichte erzählen. Auf Nextdoor möchten Sie nicht wie eine generische Werbung klingen, aber gleichzeitig Ihr Unternehmen nicht wie ein Hobby klingen lassen. Erzählen Sie lieber eine nachvollziehbare, professionelle und ansprechende Geschichte, die mit einem Aufruf zum Handeln endet. Stellen Sie sicher, dass Sie sich engagieren, sobald Sie den Beitrag geteilt haben – das Beantworten von Kommentaren trägt wesentlich dazu bei, die Verbindungen zu stärken.

Zusammenfassend lässt sich sagen, dass du überrascht sein wirst, welche Auswirkungen ein starker Nextdoor-Beitrag auf dein Unternehmen haben kann. Apps wie Nextdoor neigen dazu, den Schneeballeffekt zu veranschaulichen – wenn dein Beitrag explodiert, fühlt sich jeder in einer Community verpflichtet, deinem Unternehmen eine Chance zu geben, angetrieben von FOMO und dem Wunsch, lokale Unternehmer zu unterstützen.

Abgesehen von organischen Inhalten ist Werbung über Nextdoor ein leistungsstarkes Tool, das sich ideal für Unternehmen eignet, die hochpreisige Artikel oder Dienstleistungen verkaufen. Beachte, dass Nextdoor-Anzeigen nicht auf einem PPC-Modell geschaltet werden – stattdessen bezahlst du im Voraus und die Anzeigen mischen sich mit organischen Inhalten auf dem Nextdoor-Tab "Startseite". Da Nextdoor den Nutzern im Vergleich zu den meisten anderen sozialen Plattformen relativ wenige Anzeigen zeigt, sind die Conversions in der Regel besser, auch wenn Tracking und Analysen schlechter sind.

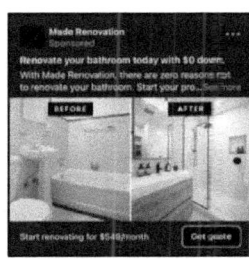 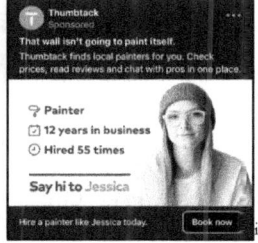

Um loszulegen, besuchen Sie business.nextdoor.com. Klicke auf "Kostenlose Unternehmensseite beanspruchen" und vergewissere dich, dass du mit deinem persönlichen Nextdoor-Konto angemeldet bist. Geben Sie den Namen, die Adresse und die Kategorien (wählen Sie mehrere!) des Unternehmens ein. Wenn Sie auf "Seite erstellen" klicken, werden Sie auf eine Seite zur Anzeigenerstellung weitergeleitet. Wählen Sie ein Ziel für Ihre Kampagne: "Mehr Direktnachrichten erhalten" eignet sich am besten für Unternehmen, die hochpreisige Artikel verkaufen oder auf Lead-Generierung basieren, "Website-Besuche erhöhen" ist am besten für ein Unternehmen, das eine Reihe von Produkten online verkauft, und "Werbung für einen Verkauf oder Rabatt" ist am besten, wenn Sie einen starken Verkauf oder Anreiz haben, um zu werben. Je nachdem, welches Kampagnenziel Sie auswählen, führen Sie den folgenden Schritt mit einer von zwei Optionen aus:

Erhalten Sie mehr Direktnachrichten. Schreiben Sie einige benutzerdefinierte Eingabeaufforderungen, die häufig gestellte Fragen und Fragen enthalten, die potenzielle Kunden wahrscheinlich stellen werden. Füllen Sie nicht weniger als drei und nicht mehr als sieben aus.

Bewerben Sie einen Verkauf oder Rabatt und erhöhen Sie die Website-Besuche. Konzentrieren Sie sich bei Anzeigeninhalten auf Nachvollziehbarkeit und Einzigartigkeit. Identifizieren Sie die wichtigsten Verkaufsargumente und Slogans aus dem Abschnitt "Markenidentität' (für die Überschrift) und verwenden Sie Umfragen, Statistiken und Testimonials als sozialen Beweis (für das Bild). Stellen Sie sicher, dass der Click-through-Link zu einer optimierten Landingpage führt und der Call-to-Action-Button zur Landingpage passt.

Überlegen Sie sich dann, in welchem Bereich Sie Ihre Anzeigen vermarkten möchten. Analysieren Sie dazu, wo Ihre aktuellen Kunden wohnen, wie sie Sie finden und wie weit sie bereit wären, für Ihr Produkt oder Ihre Dienstleistung zu fahren. Uber lokal zu starten und im Laufe der Zeit zu expandieren, ist in der Regel der richtige Weg.

Legen Sie abschließend das Budget fest und klicken Sie auf Veröffentlichen. Da Nextdoor-Anzeigen nicht auf einem PPC-Modell basieren, geht es bei der Aktualisierung und Optimierung von Werbekampagnen im Laufe der Zeit hauptsächlich darum, viele, kostengünstige Anzeigen zu schalten (3 bis 10 US-Dollar pro Tag) und die Werbeausgaben im Laufe der Zeit auf Top-Performer umzustellen.

Nextdoor hat wirklich Wunder für mein Unternehmen bewirkt, und ich bin fest davon überzeugt, dass es das Gleiche für viele Unternehmen tun kann, die auf ihre lokale Gemeinschaft angewiesen sind, um zu wachsen und zu gedeihen. Vielleicht wird Ihr Nachbar ja doch Ihr bester Kunde!

TikTok-Anzeigen

TikTok (Englisch) hat in letzter Zeit die Werbewelt im Sturm erobert, und viele Online-Verkäufer sprechen von einem Goldrausch. TikTok-Anzeigen eignen sich am besten für Unternehmen, die Zielgruppen unter 30 Jahren mit Produkten oder Dienstleistungen ansprechen möchten, die online angeboten werden (versuchen Sie z. B. nicht, lokal auf TikTok zu werben). TikTok-Anzeigen werden über andere Apps im TikTok-Netzwerk verteilt, insbesondere über Pangle und BuzzVideo.

Alle TikTok-Anzeigen sind kurz und vertikal ausgerichtet. Extrem kurz funktioniert am besten, also unter der 15-Sekunden-Marke (obwohl noch kürzer oft besser ist). Visuell ansprechende und ausdrucksstarke Botschaften sind ein Muss.

Wenn Sie Ihre erste Kampagne einrichten, werden Sie unter "Neu erstellen" aufgefordert, die Anzeigenplatzierungen auszuwählen: Sie können sich entweder für die automatische Platzierung entscheiden, bei der TikTok für Sie auswählt, oder manuell auswählen, wo Ihre Anzeigen geschaltet werden sollen. Zu Beginn ist es am besten, entweder auf die automatische Platzierung zu setzen oder eine Vielzahl von manuellen Platzierungen mit einem begrenzten Budget zu testen. Sie können dann benutzerdefinierte Zielgruppen erstellen, ähnlich wie Sie es auf Facebook tun würden (beachten Sie, dass TikTok-"Anzeigengruppen" mit Facebook-"Anzeigengruppen" gleichzusetzen sind). Beachten Sie, dass TikTok ein Pixel hat, das dem Facebook-Pixel ähnelt.

Abschließend möchte ich noch anmerken, dass ich nicht empfehlen würde, TikTok-Videos als Werbung zu pushen, nur um die Bekanntheit zu erhöhen und eine Fangemeinde aufzubauen. TikTok ist im Vergleich zu fast jeder anderen sozialen Plattform einfach nicht schwer durch organische Inhalte zu wachsen, und es ist unplausibel, durch Anzeigen, die darauf abzielen, die Bekanntheit zu erhöhen, auch nur annähernd die Gewinnschwelle zu erreichen. Ich habe mit einem Unternehmen zusammengearbeitet, das genau zu diesem Zweck Tausende von Dollar in TikTok-Anzeigen gesteckt hatte – obwohl ihr Konto verifiziert war und ein großes soziales Team hatte, rannte es in Grund und Boden und sammelte nur ein paar hunderttausend Likes, was zu einer Followerschaft von unter 10.000 und einem fast vollständigen Verlust in Bezug auf den ROAS führte.

Nutzen Sie stattdessen In-Feed-TikTok-Anzeigen, um Benutzer zum Besuch einer Zielseite zu ermutigen. Legen Sie getstarted.TikTok.ccm los.

Ednnote

Bitte schön! Das ist Ihre schnelle Einführung in die sechs dominierenden Pay-per-Click-Werbeplattformen. Wir haben nicht alles behandelt, aber wir haben die Grundlagen behandelt, die Ihnen die Möglichkeit geben, diese Plattformen sofort erfolgreich zu nutzen und diesen Text als Sprungbrett für weiteres Lernen zu nutzen.

In diesem Sinne, viel Glück bei der Verwendung von bezahlter Werbung, um Ihr Geschäft auszubauen. Wir feuern Sie an!

© 2024

' Nextdoor: Rencvierung, Reißzwecken

www.ingramcontent.com/pod-product-compliance
Lightning Source LLC
LaVergne TN
LVHW012035060526
838201LV00061B/4613